CAM
Sevgili arkadaşlar bu kitaptaki konumuz camilerimiz.

Sevgili arkadaşlar,

Bu kitap boyunca hep beraber camilerimizi öğreneceğiz. Ben ve arkadaşlarım kitap boyunca size eşlik edeceğiz.

Ne dersiniz başlayalım mı?

ADIM : ....

SOYADIM: ....

CAMİ NEDİR?

CAMİ NEDİR?

Kur'ân-ı Kerim'de cami, mescid yani **secde edilen yer** olarak anlatılmıştır.
Biz bu kitapta camilerin içinde, dışın-da ve etrafında neler olur ve ne işe yararlar onları öğreneceğiz.

CAMİLERİMİZE

YUKARIDAN BAKALIM

KUBBE NEDİR?

Camilerin üstündeki yarım küre şeklindeki damlara **kubbe** diyoruz.
Kubbelerin üstündeki hilal şeklindeki tepelik-lere de **alem** diyoruz.
Arkadaşlar alemlere yakından bakınca oldukça büyük gözüküyor.

MİNARE NEDİR?

Camilerin yanına ezan ve sala okumak için yapılan kulelere **minare** diyoruz.
İslamiyet'te ilk minare Mısır'ın başkenti Kahire'de yapılmıştır.

ŞEREFE NEDİR?

Şerefe, minarelerde gördüğümüz balkonlardır.
Şerefelerden ezan ve sala okunur.
Allahu Ekber
Allahu Ekber
Minarelerde bazen bir, bazen daha çok şerefe olabilir.

Minareler insanların uzaktan camiyi görmesini ve ezanın uzaklara ulaşmasını sağlar.
Camiler İslam ülkeleri için birer sembol olmuştur.

MAHYA NEDİR?

Özellikle ramazan gecelerinde, camilerde iki minare arasına gerilen ipler üzerine kandil ya da elektrik ampulleriyle yazılan yazılara **mahya** denir.
ORUÇ TUT
SIHHAT BUL.

CAMİLERİMİZE

İÇERİDEN BAKALIM

CAMİLERİN İÇİNDE

Arkadaşlar şimdi isterseniz camilerimizin içinde neler var, ne işe yararlar birlikte bakalım.
Camiler ibadet yerimiz olduğu için orada saygılı oluruz.
Camiye abdestsiz girmeyiz. Kıyafet-lerimizin uygun olmasına dikkat ederiz.

ACABA NELER VAR?

Camiler hepimizin kutsal yeridir.
Camiler hep beraber ibadet ettiğimiz yerlerdir.
Camiye kirli ve kötü kokan elbiselerle gitmemeye çok dikkat ederiz.

Camiye gittiğimizde namaz kılanların önünden geçmeyiz. Kimseyi rahatsız etmeyiz. Sessiz oluruz.

MİHRAP NEDİR?

Camilerde
kıble yönünde bulunan,
imamın namaz kıldırırken
durduğu girintili bölüme
mihrap diyoruz.

MİNBER NEDİR?

Mihrabın sağ tarafında **minber** vardır.
Minber, imamın cuma ve bayram hutbelerini okuduğu yüksek merdivenli yerdir.

MAHFİL NEDİR?

Camide müezzinlerin durduğu yere **mahfil** denir.
Müezzin mahfilinde müezzinler ezan, kamet, tesbihat okurlar. İmamın tekbirlerini tekrarlarlar.
Selatin camilerinde **hünkar mahfili** denilen padişahl-ara ayrılmış yerler vardır.

VAAZ KÜRSÜSÜ

Camilerde vaaz verilen yüksek yere **vaaz kürsüsü** denir.
Bazen vaaz vermek için bazen de ders veya kıssa anlatmak için kürsüye çıkılır. Kürsüler yerden yükseğe yapılır.

HAT YAZILARI

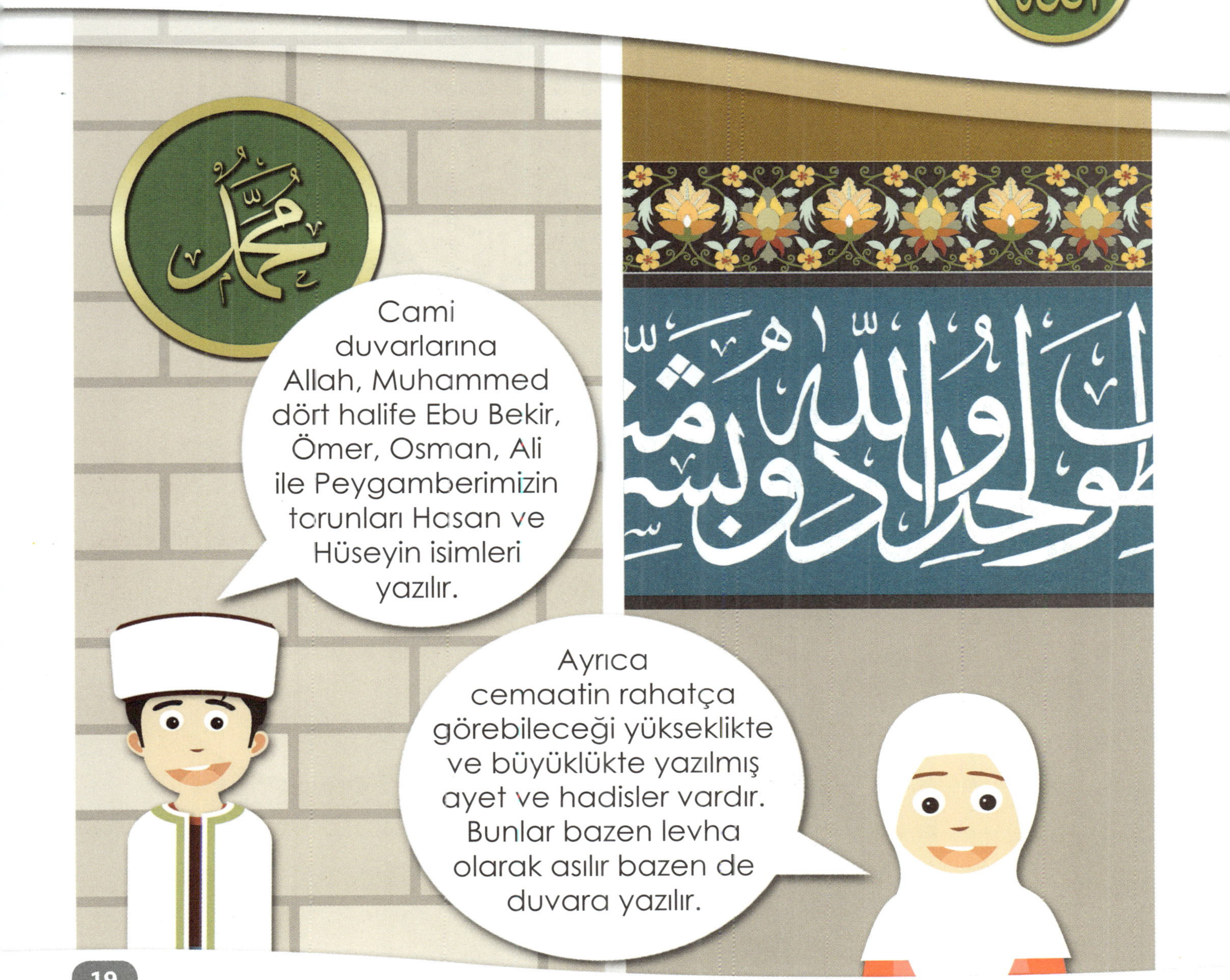
Cami duvarlarına Allah, Muhammed dört halife Ebu Bekir, Ömer, Osman, Ali ile Peygamberimizin torunları Hasan ve Hüseyin isimleri yazılır.
Ayrıca cemaatin rahatça görebileceği yükseklikte ve büyüklükte yazılmış ayet ve hadisler vardır. Bunlar bazen levha olarak asılır bazen de duvara yazılır.

KİTABELER

Kitabeler, cami ve yapıların üzerine bilgilendirme, tanıtma, hatırlatma amaçlı yazılan yazılardır.
Cami kitabelerinde ise çoğunlukla ayet ve hadisler yazılıdır. Bazılarında ise yapılış tarihi, yapan ve yaptıran hakkında bilgiler yazar.

CAMİLERİMİZE

DIŞARIDAN BAKALIM

MUVAKKİTHANE

Muvakkithane, teknolojinin bu kadar gelişmediği zamanlarda, namaz vakitlerini hesaplayan kişiler için yapılan küçük odalardır.

ŞADIRVAN NEDİR?

Şadırvan, camide bulunan abdest alma yeridir. Genellikle caminin dışında, iç avluda olurlar.
Camilere abdestsiz girmeyiz.

MUSALLA TAŞI

Cenaze namazlarında tabutun üzerine konulduğu taşa, **musalla taşı** denir.
كُلُّ نَفْسٍ ذَآئِقَةُ الْمَوْتِ

TÜRBE NEDİR?

ملا محمد
تربسي
Arkadaşlar, bazı camilerde türbeler vardır. Türbeler oda şeklindeki mezarlardır. İçinde camiyi yaptıran, ilim adamı, komutan veya devlet adamı yatabilir.

HAZİRE NE DEMEK?

هو الباقی
مرحوم ومغفورله
احمد افندی
روحیچون
الفاتحه
هو الباقی
مرحوم ومغفورله
حسین علی
هو الباقی
مرحوم ومغفورله
محمد افندی
روحیچون
هو الباقی
مرحوم ومغفورله
علی افندی
هو الباقی
مرحوم ومغفورله
محمد افندی
روحیچون
الفاتحه
Hazireler camilerin yanında bulunan mezarlıklardır. Bazı hazirelerde az mezar varken bazılarında çok mezar olabilir.

CAMİLERİMİZE

DİKKATLİ BAKALIM

ÇOK BÜYÜK CAMİLERDE

Şehrin en önemli yapısı camidir. Her şey onun etrafına kurulur.

ACABA NELER VAR?

Cami, cuma namazlarındaki zorunlu toplanma yeri olması yanında bir ilim, tören ve müzakere merkeziydi.

Şehrin en önemli yapısı olan cami, zamanla kurumsallaşarak genişlemiş ve yeni işlevler kazanmıştır.

KÜLLİYE NEDİR?

Külliye, cami ile birlikte hamam, medrese, mektep, imaret, türbe, kütüphane, aşevi, darüşşifa, kervansaray, çarşı, tekke, zaviye binalarından oluşan yapılar topluluğudur.
Osmanlı Dönemi, külliyeler açısından en güzel örneklere sahiptir. Arkadaşlar, bakalım külliyelerde neler varmış?

İMARATHANE NEDİR?

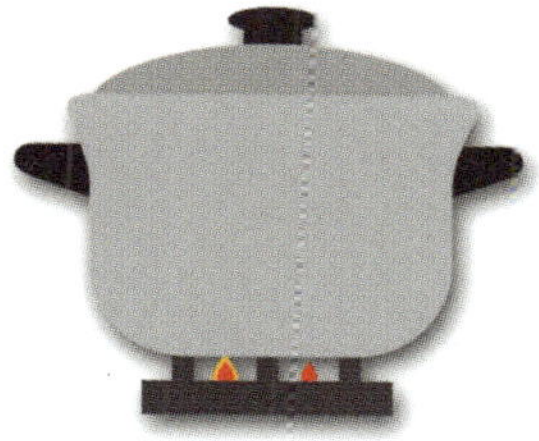

Yoksullara ve yolculara yardım yapılan binaya **imarethane** denir. İmaretlerde, ihtiyacı olanların yemek yemesi için yerler vardır.

TABHANE NEDİR?

تابخانه
Tabhaneler, evsizlerin, yoksulların, misafirlerin kalması için yaptırılan hayır kurumlarıdır. Eskiden çalışacak bir işi olmayan ihtiyaç sahipleri de iş bulana kadar buralarda misafir edilirdi.

DARÜŞŞİFA NEDİR?

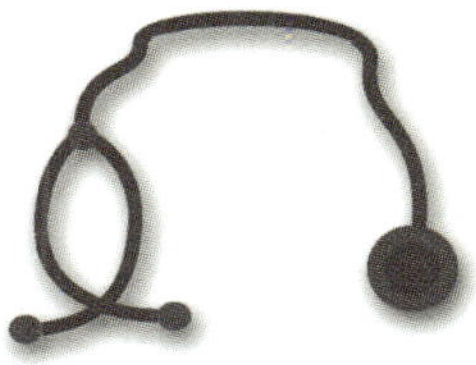

Darüşşifalar, külliyede bulunan hastanelerdir. Buralarda ihtiyaç sahibi hastalara ücretsiz sağlık hizmeti verilirdi.

MEDRESE NEDİR?

Medreseler, külliyelerde eğitim için ayrılan binalardır. Buralarda hem dini eğitim hem de diğer eğitimler verilirdi.

KÜTÜPHANE

Külliyelerde bulundukları duruma göre birçok değişik yapı bulunabilirdi. Ama özellikle hepsinde küçük veya büyük bir kütüphane mutlaka vardı.

NELER ÖĞRENDİK NELER?

Caminin ne demek olduğunu, içinde, dışında ve etrafında bulunan şeylerin neler olduğunu ve ne işe yaradığını,

camilerde neler yapıldığını, bizim ne yapmamız gerektiğini,

bir de külliyeleri ve buralardaki binaların ne işe yaradığını, ne kadar faydalı olduğunu öğrendik.